Mehlmarkt (heute Neuer Markt) mit Trägerweib, Kapuziner, Bürger in der Uniform der ungarischen Czischmen (von ungarisch csizma, der Stiefel), Mäusefallenhändler und Kesselflicker.

Hans Werner Bousska

Wien

Handwerk, Handel und Gewerbe in historischen Ansichten

SUTTON

Straßenmusikanten unterhielten die Bewohner der umliegenden Häuser und erhielten dafür in Papier eingewickelte Münzen zugeworfen. Die Aufnahme entstand um 1831.

Vorsatz: Politieren der Klaviere im Jahr 1954 in der Klavierfabrik Hofmann & Cerny, Linzer Straße 174–180, Wien 14. (siehe Seite 36/37).
Seite 3: Marktleben auf dem Platz Am Hof, Wien 1., um 1905.
Nachsatz: Ankerbrotfabrik, Absberggasse, Wien 10. Von Pferden gezogene Lieferwagen warten an der Rampe auf das Beladen, aufgenommen 1950 (siehe Seite 69).

Impressum
Sutton Verlag GmbH
Schweickhardtstraße 1
72072 Tübingen
www.suttonverlag.de

ISBN: 978-3-96303-477-0
Printed in Poland by CGS
Gestaltung und Herstellung: Sutton Verlag
Satz: Chris Langohr Design, March

In diesem Buch wird aus Gründen der besseren Lesbarkeit das generische Maskulinum verwendet. Weibliche und anderweitige Geschlechteridentitäten werden dabei ausdrücklich mitgemeint, soweit es für die Aussage erforderlich ist.

Inhalt

Einleitung 4

1. Wiener Typen, Straßenhändler und Dienstboten 7

2. Handwerk, Handel und Gewerbe 21

Bildnachweis 88

Einleitung

Wien war im 19. Jahrhundert die modernste und bedeutendste Industriestadt der Habsburgermonarchie. Ende des 18. Jahrhunderts verfügte die Stadt über eine breite Palette exportfähiger Luxusgüter, die sich lange gegenüber der Industrie behaupten konnte. Die herrschenden gesellschaftlichen Verhältnisse behinderten jedoch die Entwicklung der für eine Großstadt charakteristischen innovatorischen Industrie. Trotzdem war auch in Wien die typische Entwicklung des Produktionssektors vom Kundenhandwerk zum Verlagswesen und mit zunehmender Mechanisierung zur Fabrikorganisation vorhanden. In den letzten zwanzig Jahren vor dem Ersten Weltkrieg ist in Wien eine dynamische Entwicklung zu erkennen, die vor allem durch den Einfluss von Auslandskapital zustande kam.

Geprägt durch die Industrialisierung erlebte Wien im 19. Jahrhundert eine grundlegende Veränderung. Wien war als „Hauptstadt" des Heiligen Römischen Reiches zu Beginn des 19. Jahrhunderts die größte Stadt im deutschen Sprachraum. Eingeengt durch die Stadtmauer war ein weiteres Wachstum vorerst jedoch nicht möglich. Dies änderte sich erst mit der Schleifung der Stadtmauer. Das Wirtschaftsleben Wiens wurde von Handwerkern und Kleingewerbetreibenden dominiert. Größere Betriebe, die zur fabrikmäßigen Produktion übergingen, waren außerhalb der Stadt angesiedelt. Dazu trug auch das Dekret Kaiser Franz II. bei, der 1802 die Verlagerung der industriellen Produktion aus dem Stadtkern und den Vorstädten in die Vororte angeordnet hatte. Die Folge war, dass einerseits das Wirtschaftswachstum Wiens verzögert, andererseits aus den rustikalen Idyllen romantischer Schwärmer dichtest besiedelte Industriezentren wurden. Manufakturen weiteten sich zur Fabrikproduktion aus, wobei „Fabrik" in jenen Jahren nicht nur ein industrieller Großbetrieb war, sondern auch jede Produktionsstätte außerhalb traditioneller Zunftschranken.

Der Ausbau des Eisenbahnnetzes durch Eisenbahngesellschaften bewirkte die Errichtung von großen Werkstätten zur Anfertigung und Reparatur von Schienen, Wagen und Lokomotiven, die zu den größten und modernsten ihrer Art zählten. Bei den neuen Bahnhöfen siedelten sich Industriebetriebe an, die in Bezug auf ihre Leistungsfähigkeit den Vergleich mit den fortgeschrittensten Fabriken Englands nicht zu scheuen brauchten.

Mit dem Eisenbahnbau wurde Wien zum industriellen Zentrum der Donaumonarchie. Maschinenfabriken, chemische Industrie, Gasfabriken, textilverarbeitende Betriebe siedelten sich bei den Bahnlinien an. Deutsche Firmen gründeten in Wien Zweigstellen. Die großen Betriebe und Fabriken hielten sich nur mehr Verkaufslokale an renommierten Plätzen der Stadt. In den Vorstädten fanden sich hauptsächlich Manufakturen und Handwerksbetriebe.

Angelockt von den Arbeitsmöglichkeiten in den neuen Industriezweigen und bei den vielen Bauvorhaben der „Großstadt", verzeichnete Wien einen gewaltigen Zustrom an Arbeitssuchenden. Die Schleifung der Stadtmauer, der Bau der Ringstraße und die damit verbundenen

Verdienstmöglichkeiten förderten die Zuwanderung aus allen Teilen der Monarchie. Der Großteil dieser Zuwanderer kam aus den überbevölkerten Agrargebieten Böhmens und Mährens, meistens aus Tschechien („Ziegelböhm"). Neue Berufszweige entstanden auf Grund von geänderten Produktionsmethoden.

Der Übergang vom Manufakturwesen zur Industrie brachte Österreich einen konjunkturellen Aufschwung. Wirtschaftskrisen, untragbare soziale Zustände, geringe Löhne, fast unmenschlich harte Arbeitsbedingungen mit Arbeitstagen von 14 Stunden und mehr in den Fabriken sowie Kinderarbeit führten zu schweren politischen Spannungen zwischen den sozialen Gruppen.

Gewerbevereine der Biedermeierzeit repräsentierten das innovative Unternehmertum und hatten bereits 1835 und 1839 „Gewerbs-Produkten-Ausstellungen" organisiert, in denen sie ihre Erzeugnisse der Öffentlichkeit präsentierten. 1851 wurde erstmals in London eine Weltausstellung abgehalten, der 1855 in Paris, 1862 wieder in London und 1867 abermals in Paris weitere Ausstellungen folgten. Bei diesen Ausstellungen wurde der jeweils aktuelle technologische Leistungsstand dargeboten, kombiniert mit einem ausgeklügelten System von Auszeichnungen und Preisen, die der Schau den Charakter eines Wettbewerbes gaben. Österreichische Unternehmen beteiligten sich rege an all diesen Ausstellungen und daher lag es nahe, auch Wien zum Schauplatz einer derartigen Veranstaltung zu machen. Treibende Kräfte waren dabei der Niederösterreichische Gewerbeverein, die Handelskammer Österreich, der österreichische Ingenieur- und Architektenverein und einzelne Industrielle. 1873, im Jahr des 25. Regierungsjubiläums von Kaiser Franz Joseph, war es dann so weit, dass im Areal des Praters, zwischen Wurstelprater, Donau und Hauptallee, die bisher größte Weltausstellung abgehalten wurde. Zentrum war die fast einen Kilometer lange Industriellenhalle mit der Rotunde, einem kreisrunden, kuppelgekrönten Gebäude, 84 Meter hoch und mit einer Spannweite von 108 Metern. 51.000 Teilnehmer aus 44 Staaten präsentierten ihre Exponate. Wie bei den früheren Weltausstellungen standen vor allem die technischen Neuerungen im Mittelpunkt. Spezieller Schwerpunkt war die Fotografie und die Elektroindustrie. Dass der Wiener Weltausstellung nicht der erhoffte Erfolg beschieden war, lag an äußeren Umständen. Der Börsenkrach vom 9. Mai 1873, wenige Tage nach der Eröffnung, setzte dem Wirtschaftsaufschwung der Gründerzeit und der damit verbundenen Spekulationswelle ein jähes Ende. Als dann in den Sommermonaten auch wieder einmal die Cholera in Wien grassierte, blieben die Besucherzahlen weit hinter den Erwartungen zurück. Nachdem im November die Pforten geschlossen worden waren, standen den Kosten von 19 Millionen Gulden gerade vier Millionen Gulden an Einnahmen gegenüber. Auch wenn die Weltausstellung nicht den erhofften Erfolg verbuchen konnte, blieb Wien das Zentrum der Industrialisierung in der Monarchie.

Zwei Großprojekte wurden um 1890 in Angriff genommen: die Regulierung des Wienflusses und der Donau sowie die Schleifung des Linienwalles und der damit im Zusammenhang stehende Ausbau der Gürtelstraße, verbunden mit einem großzügig verwirklichten Verkehrskonzept der Wiener Stadtbahn. Hinzu kamen noch der Bau der Wiener Hochquellenwasserleitungen und der Ausbau des Gasnetzes.

Der Zusammenbruch der Monarchie beendete diesen wirtschaftlichen Aufschwung Wiens. Den Industriebetrieben fehlten die Rohstofflieferungen aus den Kronländern und vor allem die Absatzmärkte. Schutzzölle und Lieferbeschränkungen der 1920er- und 1930er-Jahre, die Wirtschaftskrise und die politische Situation stellten sie vor nahezu unüberwindbare Probleme. Viele Betriebe mussten schließen oder gingen in den Besitz ausländischer Firmen und wurden ins Ausland verlegt. In Wien blieben häufig nur mehr Zweigniederlassungen. Etliche Betriebe verschwanden gänzlich.

Am 16. März 1938 übernahmen die Nationalsozialisten in Österreich die Macht. Besonders in Wien kam es zu schweren Ausschreitungen gegen Juden. Viele Geschäftsleute verloren durch die nationalsozialistischen Rassegesetze die Berechtigung, ihre Firmen und Geschäfte weiterzuführen, sie mussten fliehen oder wurden in ein Konzentrationslager verschleppt, was zu einer tiefgreifenden Veränderung im Geschäftsleben führte.

In diesem Bildband soll ein exemplarischer Überblick über die breitgefächerte Wiener Arbeitswelt der letzten gut 200 Jahr gegeben werden, wobei die Auswahl keinesfalls den Anspruch auf Vollständigkeit erhebt. Es handelt sich um Splitter, die an vergangene Arbeitswelten erinnern sollen.

Ein Fuhrwerker mit seinem Spritzwagen war für die Reinigung der Straßen zuständig.

1

Wiener Typen, Straßenhändler und Dienstboten

Der Platz Am Hof, hier um 1870, war Ausgangspunkt für zahlreiche Pferdewagenlinien und Stellwagen, welche die Vororte der Stadt mit dem Zentrum verbanden.

Ein Losverkäufer mit Bauchladen um 1905. Der Kakadu zieht das verkaufte Los aus einer Schatulle.

Ein Maronibrater am Graben, aufgenommen um 1877.

Ein Luftballon- und Blumenverkäufer vor dem am 14. Oktober 1888 mit Grillparzers „Esther" und Schillers „Wallensteins Lager" eröffneten k.k. Hof-Burgtheater. Die Aufnahme entstand um 1900.

Scherenschleifer übten ihr Handwerk auf der Straße aus. Fahrende Messer- und Scherenschleifer, auch Wander- oder Karrenschleifer genannt, gab es in Europa bereits seit dem Mittelalter. Aufnahme um 1910.

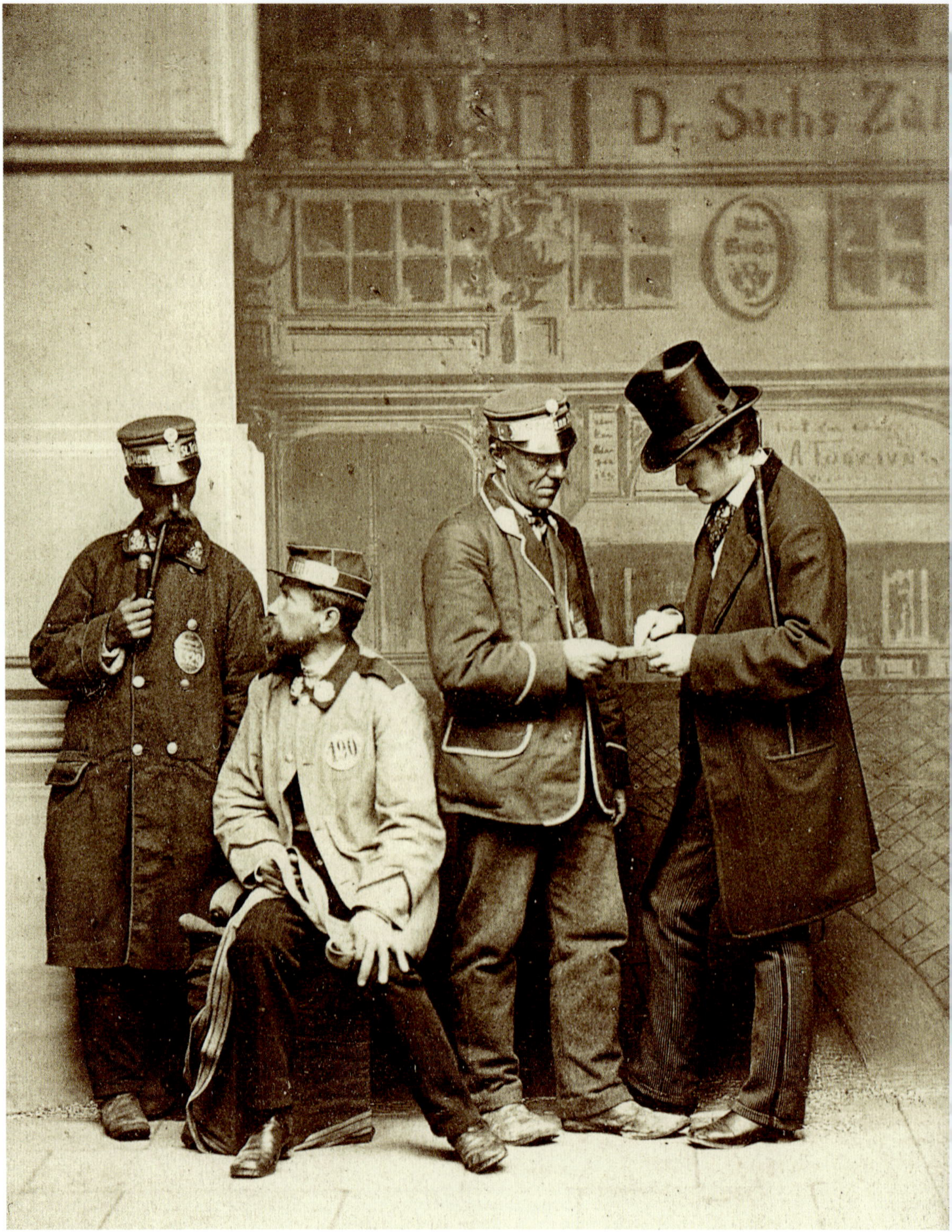

Dienstmänner übernahmen an öffentlichen Orten oder im Haushalt zeitlich befristete Aufträge aller Art gegen Entgelt. Ihre Hauptaufgaben lagen in der Beförderung von Stückgut, beispielsweise Koffern, und in Botentätigkeiten. Aufnahme um 1875.

Idylle auf der Straße: „Ein Schläfchen in Ehren kann niemand verwehren“. Aufnahme von 1902.

Ein slowakischer Straßenhändler mit seinem Kind bietet Spielwaren aus Holz an, um 1875.

Lumpensammler zogen früher von Dorf zu Dorf und durch städtische Straßen und Gassen. Sie erfragten, erkauften und sammelten Alttextilien wie Stoffreste (sogenannte Hadern). Papiermacher kauften die gesammelten Hadern auf, denn textile Fasern waren früher ein bedeutendes Ausgangsmaterial für die Herstellung von Papier. Aufnahme um 1870.

Maronibrater bei der über den Wienfluss führenden Elisabethbrücke. Blick um 1881 von der Wiedner Hauptstraße zur Kärntner Straße. Um 1900 gab es in Wien rund 300 Maronistände.

Slowakischer Pfannenflicker mit seinen Helfern, 1873.

Und wer sein Handwerk gut versteht
der leidet keine Not
und wer das Pfannenflicken gut versteht
verdient sein täglich Brot.
Der Pfannenflick macht sich nichts draus
schreit Pfannenflick von Haus zu Haus.

Ein Wiener Hausmeister, „der Hüter der Stiegenhäuser". Die Hausmeister waren lange Zeit beherrschende Figuren in der Wiener Wohnkultur. Aufnahme von 1902. ▸

Triebel.
wien XVIII
1902

Südfrüchteverkäufer, 1881. Zum „Stammpersonal" der Volkstypendarstellungen in Wien zählten die Händlerinnen und Händler von Zitrusfrüchten, die seit dem 17. Jahrhundert verstärkt in die mitteleuropäischen Regionen kamen. Für den Wiener Markt spielten die Gottscheer Wanderhändler eine zentrale Rolle. Zunächst noch Luxusgut, wurden die Südfrüchte ab dem 18. und besonders dem 19. Jahrhundert in breiten Bevölkerungskreisen bekannt.

Eisverkäufer, um 1881. Ab den 1880er-Jahren waren in Wien italienische Eisverkäufer in größerer Zahl zu finden, vor allem im Prater. Durch die Erfindung der Eismaschine 1843 wurde die Eisherstellung vereinfacht und somit für das einfache Volk erschwinglich.

Ein Werkelmann vor dem Bürger-Kino in der Landstraßer Hauptstraße, Wien 3., um 1950. Werkelmänner hatten meistens einen fixen Standplatz.

Blumenverkäuferin am „Sirk-Eck" vor der Hofoper beim Standplatz für Fiaker und Einspänner. Die Strecke vom Sirk-Eck bis zum Schwarzenbergplatz war der beliebteste Corso Wiens. Aufnahme um 1880.

2

Handwerk, Handel und Gewerbe

Fiaker und Wasserer vor dem „Hotel Imperial" im Jahr 1900.

Blick in eine Schneiderwerkstätte des Josef Gunkel, Wien 1., Graben 16. Aquarell von Franz Heinrich (1802–1890) aus dem Jahr 1835. Kinderarbeit war besonders in der Textilbranche weit verbreitet. Das Blatt zeigt fabrikähnliche Produktionsbedingungen mit vielen Arbeitsplätzen auf engstem Raum. Bei der Entlohnung von Männern, Frauen und Kindern war das Verhältnis 4:2:1 üblich. Arbeitszeiten von 14 und mehr Stunden hatten verheerende Auswirkungen auf die Lebenserwartung der Arbeiterinnen und Arbeiter.

Klassenfoto der Lehranstalt für Schnittzeichnen und Schneidermacherinnen, gegründet 1899, Gierstergasse 6, Wien 12. Aufnahme um 1910.

Der Besitzer des Geschäfts für „Cravaten-Erzeugung, en Gros und en detail", war „Inhaber eines k.k. Privilegiums". Sein Geschäft befand sich in der Lerchenfelder Straße 24, Wien 8. Aufnahme um 1900.

Das Handwerk des Plissierens wird in der letzten Plissierwerkstatt Wiens „Plissé-Ajour-Endl" im 1850 erbauten Haus in der Piaristengasse 26, Wien 8., von Renate Houska ausgeübt. Aufnahme um 2020.

Arbeiterinnen und Arbeiter einer „Federschmuckfabrik", in der Vogelfedern zu modischem Hutschmuck, Besatz an Damenkleidern oder Federbüschen für Uniformen verarbeitet wurden. Johann Hamza (1850–1927), Öl auf Holz, 1902.

Die Hutfabrik Peter und Carl Habig gehörte im 19. und 20. Jahrhundert zu den renommiertesten Erzeugern von Hüten aller Art in Europa. Die Gründung erfolgte 1862 durch Peter Habig.

Bis 1896 war die Firma in zwei barocken Häusern in der Wiedner Hauptstraße 29, Wien 4., untergebracht. Hans Wilt (1867–1917), Aquarell, 1896. Ab 1897 befand sich die Firma im noch heute bestehenden Habig-Hof, Wiedner Hauptstraße 15–17, Wien 4. Die Firma bestand bis 2001.

Die Fertigungshalle der Hutfabrik P. & C. Habig befand sich ab 1882 in der Frankenberggasse 9, Wien 4. Aquarell von Erwin Pendl (1875–1945), um 1900.

Die Wiener Glasmalerei- und Glaserwerkstätte wurde 1841 vom akademischen Maler Carl Michael Geyling (1814–1880) in der Windmühlgasse, Wien 6., gegründet. Seit 1967 befindet sich die Werkstätte in der Stiegergasse 15–17, Wien 15.

Glasfenster (150,8 x 88,8 cm) mit einer Philadelphia-Lokomotive von Prof. Rudolf Geyling (1839–1904). Die Philadelphia-Lokomotive kam 1848 via Triest aus den USA in Meidling an und wurde am 31. August 1838 erstmals angeheizt.

An der Fassade des Hauses in der Hermanngasse, Wien 7., erinnert ein imposantes Geschäftsschild, ein Mann mit einer großen Pfeife, an die ehemalige Pfeifenfabrik Lichtblau.

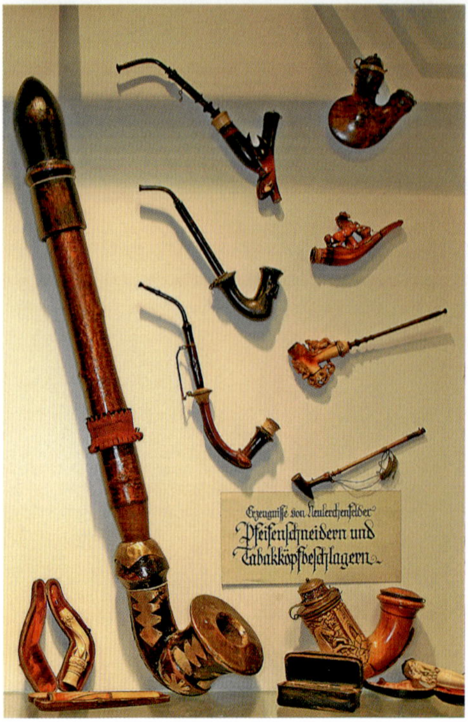

Die Gewerbe der Pfeifenschnitzer, Pfeifenkopfhersteller und Pfeifenkopfbeschlager waren in Ottakring sehr verbreitet. Künstlerische Pfeifenköpfe aus Meerschaum, Porzellan etc. mit Mundstücken aus Bernstein, Elfenbein, Bein oder Edelholz genossen großes Ansehen und wurden in die ganze Welt exportiert.

Die Werkstätte des Perlmuttdrechslers Wenzel Urban in der Steinbauergasse 17, Wien 12. Auf hölzernen, fußbetriebenen Drechselbänken wurden mit Kronenbohrern verschiedener Durchmesser, entsprechend der beabsichtigten Knopfgröße, Kerne aus den Muschelschalen gebohrt. Für die Herstellung der Knöpfe wurden angelernte, sich oft als Taglöhner verdingende und schlecht bezahlte Arbeiter herangezogen. Die Aufnahme entstand 1917.

Verschiedene Gegenstände aus Perlmut aus der Sammlung des Bezirksmuseums Ottakring: links oben das Rohmaterial, Spiegel, Knöpfe, Kamm, Kleingegenstände, Löffel und Türbeschläge.

Kamee aus einer Muschel mit dem Porträt von Kaiser Franz Joseph I. und eine Konfektschale aus Perlmutt.

Kommodenstanduhr mit der Darstellung der Alt-Wiener Vergnügungsstätte „Tivoli" in Obermeidling aus Holz und Perlmutt, gefertigt zwischen 1835 und 1840.

„Der Tischler und der Zimmerman. Der Mensch und sein Beruf". Kreidelithographie von Carlo Kunz (1813–1888) nach einer Zeichnung von Peter Johann Nepomuk Geiger (1805–1880), entstanden um 1835.

Blick in die Tischlerei J. Paukert, Neuwallgasse 59 (heute Karl-Löwe-Gasse), Wien 12. Ansichtskarte um 1920. ►

Der Meister mit seinen Gesellen und Lehrbuben einer Tischlerei in der Ruckergasse, Wien 12. Aufnahme um 1910.

Die Klavierfabrik Hofmann & Cerny AG, Linzer Straße 174–180, Wien 14., war seinerzeit Europas größte Klaviermanufaktur, gegründet 1903. Die Klaviere zählten zu den bedeutendsten Markenklavieren. Die Produktion wurde 1963 eingestellt. Im Oktober 1954 konnte die Fertigstellung des 40.000 Klavieres mit der Belegschaft gefeiert werden.

Ein besonders aufwändig gestalteter Stutzflügel mit Blattvergoldung der Klavierfabrik Hofmann & Cerny, bestimmt für den Export in ein arabisches Emirat, aufgenommen 1957. ▸

Der vermutlich aus Bayern stammende Michael Schweighofer (1771–1809) eröffnete 1792 eine Klavierbauwerkstatt in Wien. Ende der 1920er-Jahre teilte sich die Firma in zwei Stränge, den einen führte Johann Schweighofer (1874–1930) weiter, den anderen übernahmen der Klavierhändler Bernhard Kohn und der Klavierbauer Friedric Karbach. 1938 musste die Firma von Kohn und Karbach auf Grund deren jüdischer Abstammung schließen.

Im Haus in der Wilhelmstraße 7, Wien 12., befand sich das Verkaufslokal des Klaviermachers Radl & Chladek. Aufnahme um 1930.

Die Klaviermacherfirma Hugo Stelzhammer, gegründet 1848, bestand bis 2011. Die Stelzhammer Hugo GesmbH hatte ihren letzten Sitz in der Linzer Straße 20–26, Wien 14.

Die Klavierfabrik Alois Parttarts Eidam Edmund Luner, Pianoforte-Fabrik, Endresstraße 18, heute 1230 Wien. Alois Parttart (1841–1898) eröffnete 1892 in Atzgersdorf eine Klavierfabrik und produzierte von Pianinos bis zu Konzertflügeln Klaviere aller Größen und Preisklassen mit weltweitem Verkauf. 1894 erweiterte er die Fabrik um einen Repräsentationstrakt mit einem Klaviersalon für Konzerte und einem Ausstellungsraum für 150 Klaviere. 1951 wurde die Produktion eingestellt.

Die Fabrik der Aktiengesellschaft „Alfa Separator" bestand in Meidling, Wienerbergstraße 31, von 1905 bis 1985. Die Firma Alfa Laval stellte Separatoren her, um durch die Trennung der wässerigen Teile vom fettigen Bestandteil der Milch wasserfreies Milchfett zu gewinnen. Ansichtskarte um 1910. Rechts oben: Alfa Laval Separator „Colibri", um 1920.

Carl Paul Görtz gründete 1886 in Berlin einen Versandhandel für mathematische Instrumente. 1888 wurde die Produktion von photographischen Amateur-Apparaten aufgenommen und der Betrieb firmierte unter Optische Anstalt C. P. Goerz. 1893 entstand ein Zweigwerk in Wien, das bis 1991 in der Sonnleithnergasse 5, Wien 10., bestand. Hier wurde von 1950 bis 1957 die Minicord als „kleinste Reflexkamera der Welt" hergestellt. Das um 1955 entstandene Foto zeigt die Endkontrolle der Kamera.

Kontrolle der optischen Linsen um 1955.

Justierungen an der Kamera um 1955.

„… steht die Form aus Lehm gebrannt …". Die Glockengießerei Pfundner, Senefeldergasse 70, Wien 10., bestand von 1906 bis 1971. Heute befindet sich dort das Glockenmuseum Pfundner. Die Aufnahme aus dem Jahr 1962 zeigt das Glockenmodell aus Formsand.

Der Guss ist gelungen! Der fertige und abgekühlte Glockenguss wird geputzt. Die Aufnahme entstand 1962.

Verschiedene Glocken des Metallhüttenwerks und der Kupferhütte Karl Kutter, Johann-Hoffmann-Platz 4, Wien 12., um 1925.

Die Modellierwerkstatt der Erzgießerei, Bronze- und Metallfabrik, Josefstädter Straße 44, Wien 8.

Die Gießerei um 1900.

In der Werkstätte wurden auch überlebensgroße Reiterstandbilder gegossen, wie hier um 1900.

Die Schmidtstahlwerke, Favoritenstraße 113, Wien 10., wurden 1892 von Hugo Rosenthal und Rudolf Schmidt als Feilenfabrik gegründet. Nach der Jahrhundertwende konnte die Firma um ein Stahlwerk und ein Walzwerk erweitert werden. 1928 beschäftigte die Firma 1.500 Mitarbeiter. In den 1930er-Jahren konzentrierte sich Rudolf Schmidt auf die Weiterentwicklung von Stahlbeton und erfand 1936 den TOR-Stahl. In den 1980er-Jahren wurde der Betrieb eingestellt und die Fabrik 1988 geschleift. Zur Jahrtausendwende entstand auf dem ehemaligen Fabrikgelände ein neues Wohnviertel, die „City X". Aufnahme um 1917.

In den Schmidtstahlwerken wurden auch Feilen verschiedener Größe hergestellt. Aufnahme um 1917.

Der Packraum für Feilen.

Die Eisengießerei August Kitschelt, Daungasse 1, Laudongasse 36, Wien 8., wurde 1856 auf einem Teil der Paarschen Reitschulgründe errichtet. Es wurden Eisenmöbel erzeugt, darunter die bequemen Bänke für die Parkanlagen. Aufnahme um 1900. An dieser Stelle befand sich von 1914 bis 1960/61 das Wiener Stadttheater (auch Neues Wiener Stadttheater).

Die Werkstätte des genialen Kunstschlossers Alexander Nehr (1855–1928), Althanstraße 49, Wien 9.

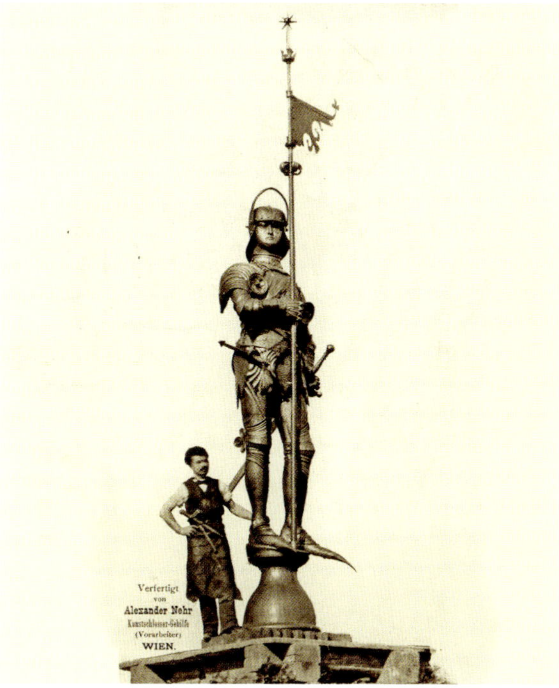

Nehr schuf neben Denkmälern und großartigen Eisenarbeiten unter anderem auch den Wiener Rathausmann. Das Innengerüst besteht aus Eisen, ansonsten besteht die Figur aus getriebenem Kupfer. Die Aufnahme entstand 1882.

Die Eisengroßhandlung Berghofer GmbH, Sechshauser Straße 31, Wien 15., wurde 1830 von Anton Berghofer gegründet. Hier konnte man Geschirr, Werkzeug, Eisenwaren, Haus-, Gartenwerkzeuge, landwirtschaftliche Artikel, Bau-, Möbelbeschläge, Dauerbrandöfen oder Herde kaufen. Die Firma bestand bis 2004. Aufnahme um 1930.

Die Bally Wiener Schuh AG befand sich ab 1925 in der Stutterheimstraße 18–24 und ab 1939 in der Walkürengasse 11, Wien 15. Die Fabrik war bis in die 1970er-Jahre in Betrieb. Der lang gestreckte Ständerbau – errichtet 1924 vom Architekten Bruno Bauer – wurde 1934 erweitert und 1960/61 umgebaut.

Die Wirkwarenfabrik Bernhard Altmann, Siebenbrunnengasse 21, Wien 5., gegründet 1915 als Garnhandel, dehnte den Produkthandel auf die fabrikmäßige Erzeugung von Strick- und Webwaren aus und wuchs sehr rasch zu einem weltweiten Exportgeschäft der Wiener Strickmode an. Die Expansion der Firma bedingte 1922 einen Fabrikneubau. Es folgten die Errichtung eines Strickwarenbetriebes bei Moskau und die Inbetriebnahme einer Strumpffabrik in Paris. 1938 wurde der Betrieb „arisiert" und Altmann emigrierte über Paris und Liverpool in die USA, wo er sich neuerlich in der Textilbranche betätigte. Durch wirtschaftliche Schwierigkeiten musste die Firma 1970 den Ausgleich anmelden.

Die Prägeanstalt Firma Schaubmayr, Bräuhausgasse 37, Wien 5., wurde 1913 von Maria Schaubmayr gegründet und bestand bis 2002. Anfangs waren die Produkte Stahlstichprägungen und Blindprägungen auf Papier, später kamen Folienprägungen, Selbstklebeetiketten sowie gestanzte und geprägte Kartenplakate hinzu. Aufnahme um 1950.

Blick in die Produktionsstätte für Siegelmarken.

Die Belegschaft der Firma Schaubmayr anlässlich des 80. Geburtstages der Firmenchefin Maria Schaubmayr im Jahr 1959.

Die Puppen- und Spielwarenfabrik Emil Pfeiffer, Neubaugasse 33, Wien 7., wurde 1873 gegründet und stellte ab etwa 1880 auch Spielzeugfiguren für Kinder her.

In diesem Raum lagerten die fertigen Puppen und warteten auf die Bekleidung. Für die Köpfe der Puppenkörper verwendete Pfeiffer Biskuitporzellan, um sie möglichst lebensecht wirken zu lassen.

Das GEBE-Fabrikhauptgebäude, Linzer Straße 139, Wien 14., wurde 1897 von dem aus Mähren stammenden Architekten Carl Langhammer (1840–1906) errichtet. Die Firma war bekannt für ihre verschiedenen Gasgeräte. 1990 wurde die Fabrik stillgelegt.

In der Norma Instrumenten Ges.m.b.H. wurden elektrische Messgeräte hergestellt. Die Firma wurde 1922 von den Herren Ing. Bonwitt, Dipl. Ing. Dr. v. Höllischer, Ing. Kühnel und Ing. Schalkhammer gegründet, Simmeringer Hauptstraße/Ecke Fickeysstraße, Wien 11. Sie bestand von 1922 bis 1983. Die Aufnahme entstand um 1955.

Vormontage der einzelnen Bestandteile, aufgenommen 1955.

Die Messgeräte werden im Feinmesslabor einer gründlichen Kontrolle unterzogen, 1955.

Vereinigte Telefon- und Telegrafenfabriks AG Czeija Nissl & Co., Dresdner Straße 75, Wien 20., 1907.

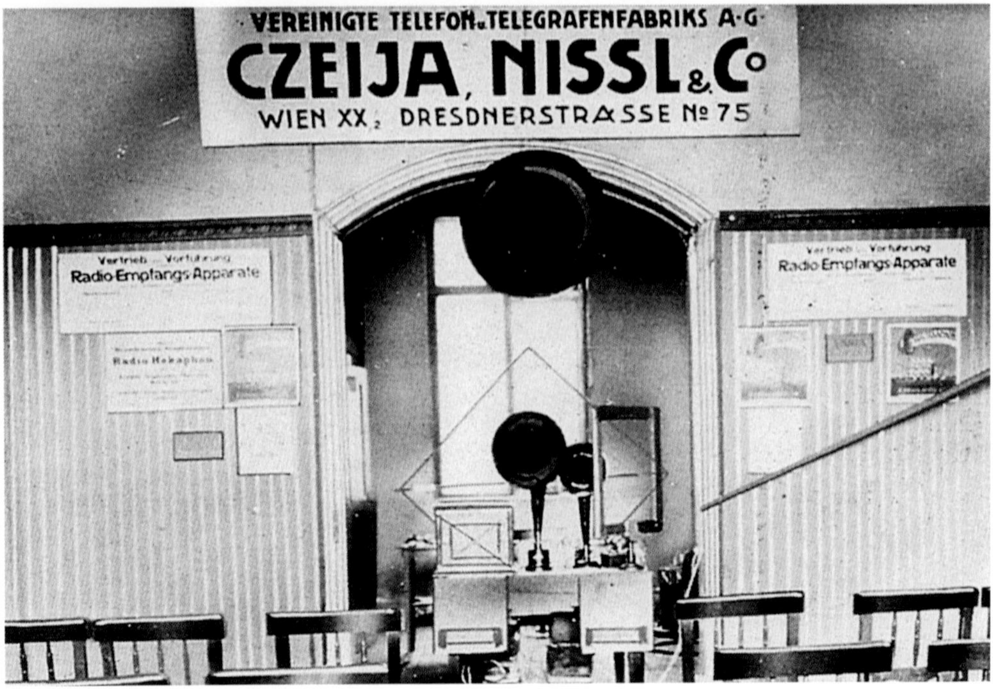

1924 fand die erste öffentliche Radio-Darbietung in Österreich durch die Vereinigte Telefon- und Telegrafenfabriks AG Czeija Nissl & Co. statt.

Das Kontrollpersonal.

Telefonanlage im Wiener Allgemeinen Krankenhaus, hergestellt von der Firma Czeija Nissl & Co. Aufnahme von 1929.

1883 gründete der Großindustrielle Moritz Faber die Wiener Krystalleis-Fabrik in der Klosterneuburger Straße 95, Wien 20. Sie war ein bedeutendes österreichisches Unternehmen und eine der größten Eisfabriken Europas. Täglich wurden bis zu 50.000 Eisblöcke produziert. Die Aufnahme entstand um 1910.

Eine Eisblockverkäuferin in Wien zur Zeit des Ersten Weltkriegs. Aquarell von Karl Feiertag (1874–1944). ►
Viele Frauen fanden Beschäftigung in der Kriegsproduktion, die nun das Bild der Stadt prägte.

GASTHAUS-KOGEL

Die Eisfabrik der Approvisionierungs-Gewerbe in Wien, Pasettistraße 76, Wien 20., wurde 1898 von den Wiener Lebensmittelhändlern gegründet. Die Aufnahme entstand um 1916.

Verladen der 25 Kilogramm schweren Eisblöcke um 1960.

Konsum-Genossenschaft Wien und Umgebung in der Wolfganggasse 58–50, Ansicht von der Eichenstraße, Wien 12. Hier befanden sich 14 Produktions- und Hilfsbetriebe wie eine Teigwarenfabrik sowie eine Molkerei, Kaffeerösterei, Malzkaffeeerzeugung und Kellereien. Aufnahme um 1910.

Ein Lokal der Konsumgenossenschaft Wien und Umgebung im Gemeindebau Fröhlichhof, Arndtstraße 21, Wien 12., um 1930.

Erster Wiener Konsumverein, Innenansicht des Geschäftslokals Paulanergasse, Wien 4., 1927.

Ankerbrotfabrik, Absberggasse, Wien 10., Betriebshalle „Wirkstraße", 1950: Die durch eine automatische Teigteilmaschine portionierten Stücke werden vom Laufband genommen und händisch geknetet.

Teilansicht der Gebäude in der Absberggasse. Aufnahme von 1930.

Niederösterreichische Molkerei, Höchstädtplatz, Wien 20. Die Arbeit in der Flaschenwäscherei wurde hauptsächlich von Frauen besorgt. Der milchverarbeitende Genossenschaftsbetrieb nahm 1900 seinen Betrieb auf und entwickelte sich in den 1920er-Jahren zu einem bedeutenden Molkereiunternehmen. Aufnahme um 1905.

Milchabfüllanlage um 1905. Bereits damals wurde die gesamte verarbeitete Milch pasteurisiert.

Die Butter wurde von Frauen händisch verpackt, um 1905.

Der Handel mit Milch und Butter war zwar auf die Molkereien beschränkt, deren Verkauf erfolgte jedoch sehr häufig in kleinen Kiosken, wie das Bild aus den 1930er-Jahren aus Hietzing zeigt.

Marktleben auf dem Karmelitermarkt, Wien 2., gezeichnet von Hermann Reisz (1865–1920). Seit 1910 befindet sich der Karmelitermarkt an seinem jetzigen Standort.

◂ In den Filialen der Niederösterreichischen Molkerei konnten die verschiedenen Produkte konsumiert werden. Aufnahme von 1905.

Das Personal der Markthalle, Burggasse 78–80, Neustiftgasse 89–91, Wien 7., hat sich um 1900 zu einem Gruppenbild aufgestellt. 1954 wurde die Markthalle zum Teil abgetragen und eine Wohnhausanlage der Gemeinde Wien errichtet. 1976 trug man die Halle zur Gänze ab und an ihrer Stelle entstand der Karl-Farkas-Park.

Der Schwendermarkt, früher Rudolfsheimer Markt, Wien 15., liegt zwischen der äußeren Mariahilfer Straße und der Schwendergasse. Er besteht seit dem Jahr 1833 und ist einer der ältesten noch bestehenden Märkte Wiens. Die Aufnahme entstand um 1905.

Der Meidlinger Markt, Niederhofstraße, Wien 12., wurde 1873 als Lebensmittelmarkt geschaffen. 1925 entsprach er nicht mehr den Anforderungen, daher kam es zur Um- und Neugestaltung. Die Aufnahme entstand um 1910.

Die Arbeitsbedingungen in den Ziegelgruben waren denkbar schlecht. Die meist aus Böhmen und Mähren stammenden Arbeiter, genannt „Ziegelböhm", mussten im Schnitt 15 Stunden täglich arbeiten, Wochenenden oder arbeitsfreie Tage gab es nicht. Die Aufnahme und die beiden folgenden entstanden um 1900 in Favoriten.

Der eingesumpfte Tegel wurde mit Scheibtruhen zum Arbeitsplatz gebracht, …

… wo Frauen, „Ziegelschlägerinnen", den Tegel händisch in die Model pressten. Bezahlt wurden die Ziegelarbeiterinnen und Ziegelarbeiter mit Blechmünzen, die nur in den firmeneigenen Kantinen angenommen wurden, Bargeld erhielten sie nicht.

Wegen des großen Bedarfs an Brennmaterial wurden am Nordbahnhof Kohlenrutschen angelegt. Sobald ein mit Kohle beladener Zug ankam, mussten die Waggons entladen werden. Die Aufnahme entstand um 1960.

Die Kohle wurde in Säcke abgefüllt und per Lastwagen abtransportiert, um 1960.

Die Kohle wurde um 1900 mit Pferdewagen zu den Kohlenhändlern geliefert. Kohlenhändler Julius Marx mit seiner Familie in der Paulusgasse, Wien 3., um 1910.

Solange mit festen Brennstoffen wie Holz, Kohle, Koks oder Briketts geheizt wurde, fand man fast in jeder zweiten Gasse einen Kohlenhändler. Die Geschäfte befanden sich meist in einem Souterrainlokal. Das Foto von 1951 zeigt den Kohlenhändler Treiber, Eglseegasse, Wien 12., beim Abwiegen und Abfüllen der Kohle in Säcke.

Der Tempowagen, „Dreiradler“ genannt, war ein häufig verwendeter Lieferwagen der Kohlenhändler. Karl Palank, Karl-Löwe-Gasse 5, Wien 12., konnte bereits 1948 ein motorisiertes Transportmittel erwerben.

Für den Kohlentransport verwendeten manche Kohlenhändler diesen Dreiradler, den Motorwagen „Austro-Kuli“, der mit seinem lauten Motorenlärm weithin hörbar war. Aufnahme von 1970.

Noch 1923 wurde mit einem Pferdewagen der Mist eingesammelt.

1925 verfügte die Gemeinde Wien über Coloniawägen mit Anhängern. Hier zwei Arbeiter, die die modernen Mistkübel in die Wagen entleerten. Die Bezeichnung „Coloniakübel" leitet sich von der lateinischen Bezeichnung „Colonia Agrippinensis" (= Köln) ab, da in Wien ab 1918 das neue System der Müllabfuhr in Kübeln aus Köln übernommen wurde.

Im Regensburger-Hof, Lugeck 4, Wien 1., befanden sich die Firma G. Genersich & Orendi, wo man Möbel und Teppiche erwerben konnte, und die Installationsfirma L. Guttmann. Aufnahme um 1895.

Das Geschäft des behördlich konzessionierten Gas- und Wasserleitungs-Installateurs Johann Kolm, Keplerplatz 8, Wien 10., um 1910.

Im Geschäft für „Specereiwaren und Delikatessen" des August Schiebl, Ottakringer Straße 178, Wien 16., konnte man neben Lebensmitteln auch Kerzen und Seifen kaufen. Die Aufnahme entstand 1908.

K. Klapp, Reinprechtsdorfer Straße 67/Ecke Schönbrunner Straße 80, Wien 5., wies mit einer großen Tafel über dem Eingang seiner Lebensmittelhandlung darauf hin, dass seine Milchprodukte, Butter und Käse, aus Vorarlberg stammen. Aufnahme um 1904.

Das Lebensmittelgeschäft des Leopold Lang, Margaretenstraße 45/Ecke Große Neugasse 37, im Haus „Zur heiligen Dreifaltigkeit". Der Besitzer bewarb sein Mehl mit dem Hinweis, dass es nicht in einer herkömmlichen mit Wind- oder Wasserkraft betriebenen, sondern in einer dampfbetriebenen Mühle hergestellt wurde. Die Aufnahme entstand 1899.

Josef Blümel, nach dem das Haus in der Gumpendorfer Straße 78, Wien 6., benannt wurde, übersiedelte 1814 von Oberösterreich nach Wien und errichtete hier eine Shawl-Fabrik, in der Woll- und Shawl-Tücher nach französischem Geschmack hergestellt und bis nach Amerika exportiert wurden. Die Firma bestand bis Mitte der 1880er-Jahre.

Bildnachweis

Die Abbildungen, sofern nicht extra angeführt, stammen aus den Fotoarchiven der Wiener Bezirksmuseen.
Haas, Michael: S. 78 o, 78 u;
Nachlass Familie Klaus-Geyling: S. 28, 29 o;
Nationalbibliothek: S. 69 o, u, Nachsatz;
Pichler Klaus: S. 32 o, u;
Wien Museum: Einband vorne, S. IV, 2 o, 3 u, 6 u, 7, 8, 9, 10, 11, 12, 13, 14 o, u, 15, 16, 17, 18, 19 o, 20, 21 o, 22 o, 23, 25, 33, 34, 50, 65, 68 u, 74 u, 75, 81, 82, 83, 84, 85 o, u, 86, 87, 88.

Vor dem Fleischhauerladen, Gustav Zafaurek (1841–1908), Aquarell, um 1880.

VERLADEHALLE
ANKERBROT
ANKERBROT
ANKERBROT